Prvi slikovni rječnik
Životinje

Svinja

Zec

Leptir

Lisica

Ilustrirala Anna Ivanir

www.kidkiddos.com
Copyright ©2025 by KidKiddos Books Ltd.
support@kidkiddos.com

All rights reserved. No part of this book may be reproduced in any form or by any electronic or mechanical means, including information storage and retrieval systems, without written permission from the publisher, except in the case of a reviewer, who may quote brief passages embodied in critical articles or in a review.
First edition, 2025

Library and Archives Canada Cataloguing in Publication
First Picture Dictionary – Animals (Croatian edition)
ISBN: 978-1-83416-495-3 paperback
ISBN: 978-1-83416-496-0 hardcover
ISBN: 978-1-83416-494-6 eBook

Divlje životinje

Nilski konj

Panda

Lisica

Jelen

Nosorog

Los

Vuk

✦ *Los je odličan plivač i može zaroniti pod vodu da jede biljke!*

Vjeverica

Koala

✦ *Vjeverica skriva orahe za zimu, ali ponekad zaboravi gdje ih je stavila!*

Gorila

Kućni ljubimci

Kanarinac

Morsko prase

✦ Žaba može disati preko kože isto kao i plućima!

Žaba

Hrčak

Zlatna ribica

Pas

✦ Neke papige mogu oponašati riječi i čak se smijati poput ljudi!

Mačka

Papiga

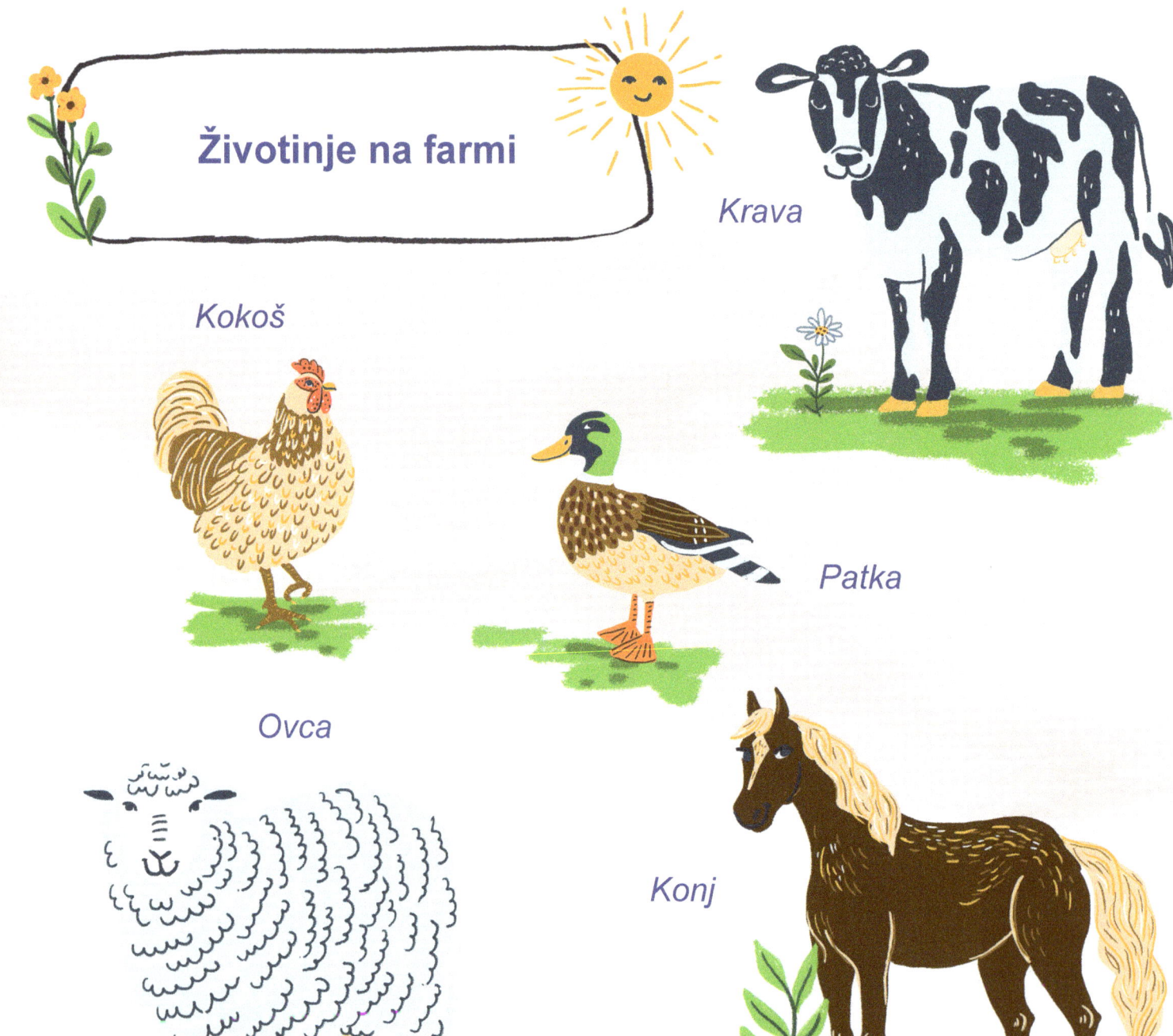

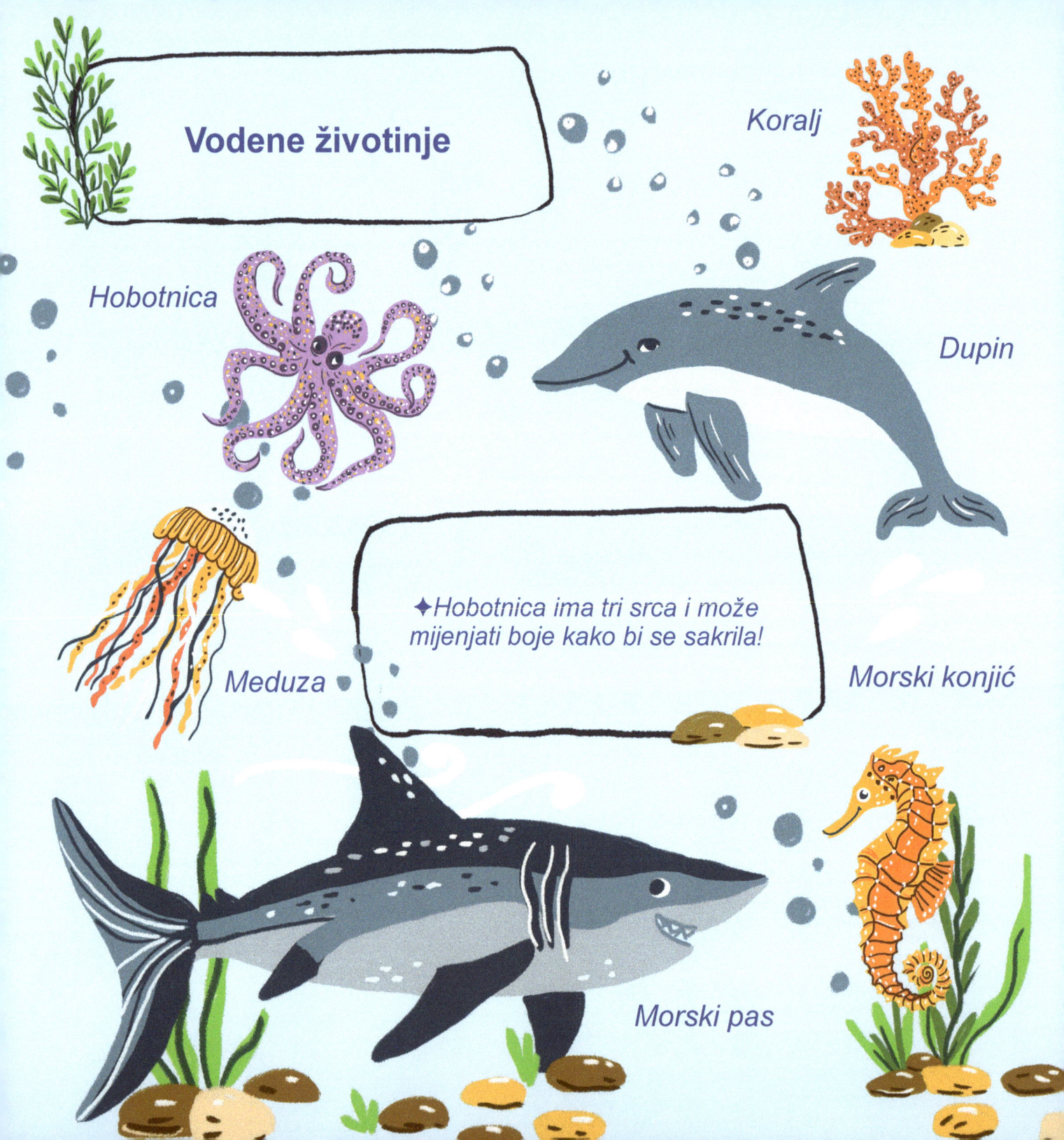

Komarac

Vretence

✦ Vretence je bio jedan od prvih kukaca na Zemlji, čak i prije dinosaura!

Pčela

Leptir

Bubamara

Sova

Šišmiš

✦ Sova lovi noću i koristi sluh da pronađe hranu!

✦ Krijesnica svijetli noću kako bi pronašla druge krijesnice.

Rakun

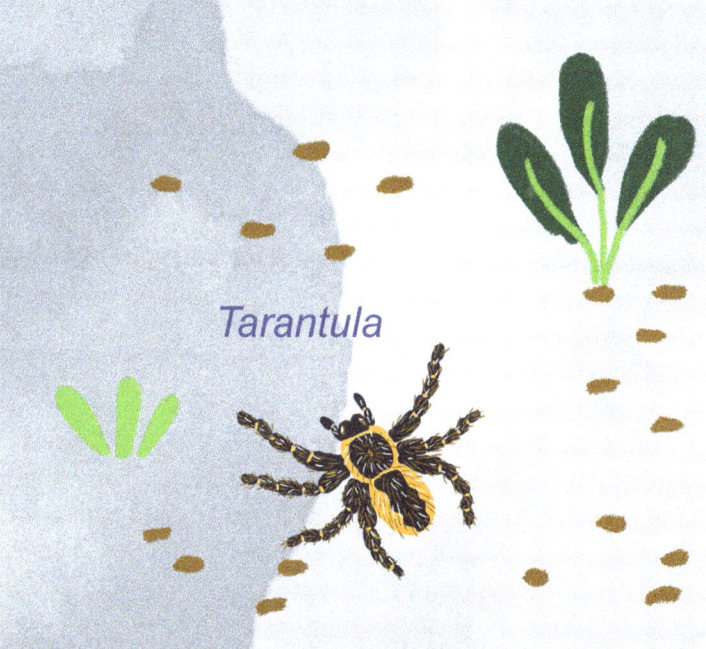
Tarantula

Šarene životinje

Flamingo je ružičast

Sova je smeđa

Labud je bijel

Hobotnica je ljubičasta

Žaba je zelena

✦ Žaba je zelena, pa se može sakriti među lišćem.

Životinje i njihovi mladunci

Krava i tele

Mačka i mačić

✦ Pilić priča sa svojom majkom čak i prije nego što se izlegne.

Kokoš i pilić

Pas i štene

Leptir i gusjenica

Ovca i janje

Konj i ždrijebe

Svinja i prase

Koza i jare

www.ingramcontent.com/pod-product-compliance
Lightning Source LLC
LaVergne TN
LVHW072054060526
838200LV00061B/4736